U0901825

名人传

安徒生

神秘花园中的精灵

简宛 著　倪靖 绘

人民文学出版社
PEOPLE'S LITERATURE PUBLISHING HOUSE

著作权合同登记号　图字 01 - 2018 - 9002

图书在版编目(CIP)数据

安徒生：神秘花园中的精灵/简宛著；倪靖绘.
—北京：人民文学出版社，2019
(名人传)
ISBN 978-7-02-015114-1

Ⅰ.①安…　Ⅱ.①简…　②倪…　Ⅲ.①安徒生(Andersen，Hans Christian 1805-1875)-传记　Ⅳ.①K835.345.6

中国版本图书馆 CIP 数据核字(2019)第 049811 号

责任编辑　**朱卫净　吕昱雯**
装帧设计　**汪佳诗**

出版发行　**人民文学出版社**
社　　址　**北京市朝内大街 166 号**
邮政编码　**100705**
网　　址　**http://www.rw-cn.com**

印　　制　**莱芜市圣龙印务有限责任公司**
经　　销　**全国新华书店等**

字　　数　**56 千字**
开　　本　**890 毫米×1240 毫米　1/32**
印　　张　**4**
版　　次　**2019 年 7 月北京第 1 版**
印　　次　**2019 年 7 月第 1 次印刷**

书　　号　**978-7-02-015114-1**
定　　价　**28.00 元**

如有印装质量问题，请与本社图书销售中心调换。电话：010 - 65233595

不论世界如何演变，科技如何发达，但凡养成了阅读习惯，这将是一生中享用不尽的财富。

三民书局的刘振强董事长，想必也是一位深信读书是人生最大财富的人，在读书人数往下滑落的多元化时代，他仍然坚信读书的重要性。刘董事长也时常感念，在他困苦贫穷的青少年时期，是书使他坚强向上；在社会普遍困苦、生活简陋的年代，也是书成了他最好的良伴。他希望在他的有生之年，分享这份资产，让其他读者可以充分使用。

“名人传”系列规划出版有关文学、艺术、人文、政治与科学等各行各业有贡献的人物故事，邀请各领域专业的学者、作家同心协力编写，费时多年，分梯次出版。在越来越多元化的世界中，每个人都有各自的才华与潜力，每个朝代也都有其可歌可泣的故事，但是在故事背后所具有的一个共同点，就是每个传记主人公在困苦中不屈不挠的经历，这些经历经由各位作者用心查阅有关资料，再三推敲求证，再以文学之笔，写出了有趣而感人的故事。

西谚有云：世界因有各式各样不同的人，才更加多彩多姿。这套书就是以“人”的故事为主旨，不刻意美化主人公，以他们的生活经历为主轴，深入描写他们成长的环境、家庭教育与童年生活，深入探索是什么因素造成了他们的与众不同，是什么力量驱动了他们锲而不舍地前行。以日常生活中的小故事来描写出这些人为什么能使梦想成真，尤其在阅读这些作品时，能于心领神会中得到灵感。

和一般从外文翻译出来的伟人传记所不同的是，此套书的特色是由熟悉文学的作者用心收集资料，将知识融入有趣的故事，并以文学之笔，深入浅出写出适合大多数人阅读的人物传记。在探讨每位人物的内在心理因素之余，也希望读者从阅读中激励出个人内在的潜力和梦想。我相信每个人都会发呆做梦，当你发呆和做梦的同时，书是你最私密的好友。在阅读中，没有批判和讥讽，却可随书中的主人公海阔天空一起遨游，或狂想或计划，而成为心灵

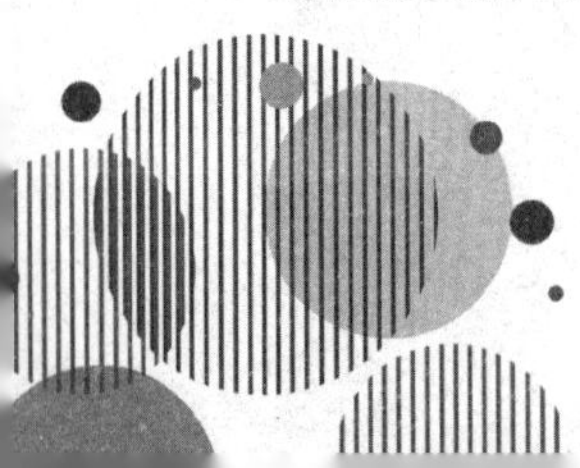

知交。不仅留下从阅读中得到的神交良伴（一个回忆），如果能家人共读，读后一起讨论，绵绵相传，留下共同回忆，何尝不是一派幸福的场景！

谨以此套“名人传”丛书送给所有爱读书的人。你们都是世界上最幸福的人，因为一直有书为伴，与爱同行。

目　录

名人传
安徒生
1805—1875

1. 困苦的家庭

你可以照自己的意愿选择你的一生，
只要努力不懈，
仙女会保护你，
带领你到想去的地方。

安徒生出生于1805年4月2日，他的故乡是丹麦一个名叫欧登塞的城市，离首都哥本哈根差不多有一百公里。由于当时交通不便，尤其与哥本哈根之间又隔着很多小岛，住在欧登塞的人，除了出海做生意的商人外，大多是一辈子都没离开过家乡的乡下人。

欧登塞是一个充满着大自然美景的地方，四面环海、远离尘嚣，安徒生的童年充满了海上的神奇传说和乡野间的奇闻。这些故事，影响了喜爱幻想的安徒生，也使他的一生就好像童话故事般，充满了变化与传奇。

安徒生的家里很贫穷，他小时候没受过完整的教育，也没有同龄的玩伴，奶奶和爸妈都疼爱他，怕他寂寞，总是带着他到处玩。于是家人与邻里间的言谈便是他童年记忆的大部分内容，而这一切也是他写作的泉源。所以要了解安徒生的一生，必须从他的家庭说起。

行为怪异的爷爷

安徒生的爷爷本来有个田庄，但因为遇上了瘟疫，饲养的牛羊染上后全死光了，又不幸遇到火灾，农场被烧得一干二净，结果，爷爷变得一贫如洗，成了社会上地位最低的人。

爷爷并不和安徒生一家同住，可是安徒生从小就常听到有关爷爷的故事。听奶奶说，爷爷可能有疯癫症，他除了会说些莫名其妙的话之外，还喜欢把自制的小木偶到处送人。爷爷平时喜欢穿着奇装异服在路上走来走去，还自言自语，好几次，擦身而过的牛车马车几乎要撞上他了，他也毫无知觉。这种奇异的行为已成为乡人的话题，而敏感的小安徒生最不喜欢别人在他面前提及爷爷的事，所以，当同学们拿他爷爷的古怪行为来嘲讽他时，他会更加恼怒。

有天在学校时，安徒生把自己编的故事讲给一个要好的女同学听。在故事中，他说那远方的古堡中住着一位安琪儿，曾经跟他讲过话，还有古堡中的仙人也是他的朋友。这位女同学听完后，就一直用古怪的神情盯着安徒生，旁边的同学笑着说："他和他祖父一样有精神病!"安徒生听了很难过，以后再也不在学校说故事了。他就躲在家里自说自话，自编自导一些戏剧来取悦自己，这种不受别人干扰的幻想世界，可以使他忘记别人对他的粗鲁和无礼。

安徒生不仅气同学们取笑他，同时也有些担心自己哪天会像爷爷一样有"毛病"，因为他也和爷爷一样——喜欢闭着眼睛走路。

有一天，安徒生又闭着眼睛走路时，被奶奶看到了。

"哎呀，你怎么闭着眼睛走路呢?!"奶奶担心地说。

安徒生看到奶奶惊慌的面孔，立即安慰她："当我闭着眼睛走路时，一个美丽的幻想世界就会出现，那里有世界上最漂亮的仙子，有最娇艳的花朵，还有最奇特的动物，我非常喜欢这个属于我一个人的神秘花园。”

那些充满幻想的时光，正是安徒生创意的源头。只是当年除了他的家人之外，没有人能了解他所说的那个“神秘花园”。

安徒生一家都是富于创作想象的人，他的爷爷和爸爸都擅长剪纸：小衣服、小纸人、风景或节庆装饰……他们能剪出千变万化的图案。他们也会用小刀刻出各种小玩偶，只是他们没有像安徒生一样遇到机会，突破困境，充分发挥才艺，最后成了闻名遐迩的童话大师。

慈爱的奶奶

安徒生的奶奶，对安徒生的影响很大。安徒生没有兄弟姐妹，长得又特别奇怪：脸长鼻子长，身材又比同龄人高，别人都认为他长得很丑，年龄相近的孩子也不愿意和他玩。因此，小时候的安徒生常跟在大人身边，消磨时间。

奶奶的工作是在一家精神病医院里照顾花圃，疼爱安徒生的她，怕安徒生孤单，常带着他一起到医院去。喜欢表演的安徒生在那里很受欢迎，他听医生讲解了身体构造的知识后，就跑去跟一些在医院工作的老太太们说，逗得她们直夸他聪明。她们还和安徒生分享了很多有趣的童话，而安徒生的奶奶更是编故事的高手，安徒生写的童话有不少都是从奶奶那儿听来的。奶奶总是不断地鼓励他："你可以照自己的意愿选择你的一生，只要努力不懈，仙女会保护你，带领你到想去的地方。"

好奇心重、记忆力又好的安徒生，把在医院的经历、精神病人的言行举止、奶奶和其他人说的民间故事，通通保留在记忆里，这些都成了他写童话故事的素材。

鞋匠爸爸

安徒生的爸爸是一个鞋匠，从小生活困苦，二十岁时和比自己大了几岁的妻子结婚，过着清寒的日子。虽然爱读书，但是他没有钱上学受教育。有次在补鞋时，他看到有人抱着课本来店里，心里好羡慕，忍不住去摸了摸课本，幻想着自己抱着课本去上学的快乐场景。他常常对着年纪还小的安徒生说：“孩子，你长大后会有比较好的受教育机会，你要做什么，爸爸都会让你去做。”

“嗯，我长大了一定要做我自己喜欢的事，爸爸会支持我的。”他心中一直这样相信着。

安徒生出生后，爸爸就在狭窄的鞋店里摆一张小床，工作累了，就讲《圣经》或《一千零一夜》的故事给躺在小床里的安徒生听。从小，安徒生的哭声就非常大，他的父母因为疼爱他，所以在别人批评他哭声太大时，便很不高兴。他们认为他的声音这么洪亮，将来一定会是个唱歌好手。奇妙的是，每次他一哭闹，爸爸只要拿本诗集或故事书念给他听，他总能立即安静下来。

安徒生也因此养成了听故事和看书的爱好，为他一生的写作历程播下了种子。

安徒生的爸爸和爷爷一样，手也很巧，会做许多动物和玩偶，有时用木头刻成，有时用皮雕，安徒生看着爸爸精美的作品，也开始学着剪纸。他时常一个人坐在角落，一边做木偶或剪纸，一边自言自语，好像木偶都成了真人

一样。虽然没有玩伴和他一起玩，但光是自己剪纸、编故事，他也乐此不疲。后来，剪纸也成了他的爱好，也是他除了写童话故事以外的另一项专长，而这些剪纸有的被保留下来，最后都成了艺术品。

安徒生的爸爸除了爱幻想，也是一位热心于政治和宗教的人，只是限于现实环境，未能一展抱负。年少时，他就时常梦想着能为拿破仑效力，幻想有一天能成为英雄，摆脱单调低微的皮鞋匠生活。随着年岁渐长，战事益发激烈，整日沉迷于战争狂热的他，竟然抛下妻儿，跑去加入了拿破仑的军队！但是在滑铁卢战役中，拿破仑大败，安徒生的爸爸落寞地回家了，身心状况也大不如前，一天天衰弱下去。① 终于，在安徒生十一岁时撒手人寰。

爸爸去世后，安徒生一家的生活更加穷苦。安徒生想起爸爸生前常对他说的那句话："不论你将来要做什么，

---

① 拿破仑在 1812 年时远征俄国失败，撤退回国。之前被征服的各国组成反法同盟，与法军在德国境内展开大战，法军战败，拿破仑被放逐。之后，拿破仑虽然企图东山再起，却又败于滑铁卢战役。安徒生的父亲因年少时的希望落空，相当失意。

即使是最傻、最愚蠢的事，只要是你心中想做的，爸爸都会让你去做。”这给了他很大的鼓励。

安徒生不怕困难的个性，多半来自父母对他的影响，他勇往直前的毅力，就是爸爸妈妈不断给他肯定而养成的。而爸爸对安徒生完全的信赖和包容，也使他不惧困难，始终相信自己会有成功的一天。

洗衣妇妈妈

安徒生的妈妈是一位乐观的人，虽然她从小就生活在困苦中，还曾经以乞讨为生，但她对生活却充满信心。安徒生小时候没有什么要好的朋友，常常遭受别人的取笑。但是她并不觉得他们这样做带有恶意。她总是对安徒生说他将来会过得比自己更好，她也很感谢对安徒生友善的人。

安徒生出生后，家里常常是有一顿没一顿的，住的地方也只是一个小小的房子，连家具都是爸爸用捡来的材料动手做成的，不然就直接从路边捡别人不要的东西带回家用。虽然如此，妈妈还是会把房子收拾得十分干净，窗框上挂满了彩色图片，院子里则种满了各种花草，在安徒生的记忆中，母亲是一个勤劳的人。

有天，他跟着妈妈一起去田里，捡些收割后落在地上的麦穗。突然，农场的主人出现了！他生气地拿着鞭子追赶着他们，妈妈和其他人一下子全跑掉了。安徒生不小心把木屐掉在田里，光着脚，被麦梗刺得跑不快。农场主人很容易就捉到了他，正想用鞭子打他，他不由自主地叫道："你怎么可以打我？老天正在看着你呢！"那正发着脾气的主人竟然放下鞭子，改变了态度，还摸摸安徒生的头，问他的名字、年龄，并给了他一些钱。

回到家，看到妈妈正焦急得不知所措，安徒生赶紧把经过说给她听，妈妈叫着他的小名说："我的小汉斯，大家都对你那么好，老天也对你好，你将来一定比我们运气好，也一定会有出息的。"

安徒生的爸爸去世后，安徒生整日闷闷不乐。后来妈妈再婚了，继父也是个皮鞋匠，他不约束安徒生，让他想做什么就做什么，所以安徒生每天都沉迷在自己的想象世界里。

妈妈虽然爱他，但很容易受人影响，听到有人在背后批评："这皮鞋店的孩子，整天东逛西晃，到底要到什么时候才能做正事呢？比他小的孩子都在工作了，怎么他妈妈也不管管他？"于是妈妈决定让他到布厂去工作，她说："这样做不是为了钱，我总要知道我的儿子每天晃去哪儿了吧？"

在布厂里，老板对他很和善，工人常在一起唱歌谈笑，一向爱表现自己的安徒生也常被叫起来表演，有时还得到热烈掌声。他也很得意，几乎有些骄傲了。他心想："我也很喜欢唱歌演戏，这样的日子也还不错啊！"

如果不是发生了一件事，说不定他这辈子就只是个小工呢！

那天，工人们又聚在一起说说唱唱，有个老工人看着安徒生用又尖又细的声音边唱边表演，就对大伙叫道："他不是男孩，他一定是女孩子。"

大家再细看他一头闪亮的金发、细白的皮肤，这一切太像女孩子了。于是大家起哄着："嗨，小姐，再唱个歌给我们听吧！"

工人们抓住了安徒生，笑着闹着，而安徒生被他们吓得大哭大叫，冲出布厂，头也不回地跑了回家，而心疼安徒生的妈妈也决定不再让他去那里上班了。

其实妈妈心里也很难过，不舍得他受苦，常常觉得现在的他很可怜。以前都是爸爸讲故事给他听，带他到处玩，如今爸爸去世了，再也没人陪他玩了，所以妈妈一有时间就会带他四处游玩，并常常跟他提起自己困苦的经历：小时候不仅没机会受教育，还要到外面乞讨，结婚后又终年为人洗衣服，赚取微薄的薪金。

安徒生也很想帮妈妈分担家计，但是没有受过什么教育的他，又能找到什么工作呢？他觉得自己很有编故事、说故事的天分，如果朝这个方向发展，将来一定能变成演员或歌剧明星，让全世界的人都认识。

安徒生一直对他母亲辛劳的一生，充满了爱与感恩。后来，他以怀念妈妈的心情，用妈妈的困苦生活为背景写下了著名的故事——《卖火柴的小女孩》。另外，还有一篇叫《她是一个废物》，安徒生用讽刺的笔调写一位洗衣妇的悲惨故事，也是他母亲人生的写照。而他十七岁时写的那篇动人的诗作——《临终的孩子》，也是写给母亲的。他对母亲的思念之情，常常从他的作品中流露出来。

安徒生得到全家人的关爱，所以成名后的他常对人说：“就是这些爱使我力争上游，让我梦想成真。”

2. 喜欢幻想的孩子

不管我们做什么事，上天都会看到，

我们都相信老天有眼睛在看我们。

安徒生喜欢幻想又爱做梦，这点完全和他爸爸一样，每到假日，爸爸就会带着他去郊外玩。爸爸喜欢大自然，常在鸟鸣虫声中，编出一些有趣的故事，有时也会作诗，并且一再地对安徒生说："汉斯，你是爸爸妈妈唯一的宝贝，不管你将来要做什么，爸爸都会支持你的愿望。"

"我要做歌唱家。"安徒生毫不犹豫地说完，便高声唱起歌。

"你会成为大歌唱家。"爸爸赞许着，"你唱得多好啊！"

"我也要成为戏剧家。"安徒生又信心满满地说。

"当然，我们的小汉斯一定会是个有名的戏剧家。"

原来除了唱歌，安徒生对戏剧也很有兴趣。他第一次看戏是七岁，刚开始，他比较注意看戏的观众，但之后他对戏剧越来越有好感，剧院便成为他最爱去的地方。但是，看戏是有钱人的活动，他哪能常去看呢？于是他开始帮人散发广告传单，如此他就可看到广告上的故事介绍，再用自己的想象力来编排新的故事。除了剧院的广告传单，就连看着剧院的节目表，安徒生也能凭空想象出剧情。

此外，莎士比亚的剧作，也在安徒生的心中，泛起阵阵涟漪。

自从爸爸去世后，安徒生很想念他，爸爸的身影老是在他脑海中盘旋。在安徒生家附近住了一位牧师的遗孀，她看见安徒生总是闷闷不乐，就常邀他到家里玩。因为牧师生前也是个文学家，所以家中的书架上摆放着许多文学巨著，当然也包括了莎士比亚的作品。安徒生便是在牧师家第一次接触到了莎士比亚的剧作，回家后他便把故事主角剪成小纸人，自己导演，在自己的小舞台上演出莎翁著名的悲剧，并尝试创作了一部戏。这是他初次接触莎士比

亚的剧作，也是他终身热爱莎翁作品的开端。

他对戏剧的爱好，直到去世都不曾停止。

他常常在后院，用妈妈的围裙、扫把、棍子及树枝，搭起一个棚子当作他的戏台。他用纸剪了各式各样的玩偶，给他们取名字，在戏台上演一出出自己编的故事，不但满足了自己的好奇心，也得以发挥想象力。也只有在这个时候，他最能感觉到快乐。

有时候他也会演给大人和小孩看，如果听到他们赞美几句，安徒生就陶醉极了，因为他是多么渴望别人的鼓励和赞美啊！但是，当安徒生写的剧本反应不佳时，他就向妈妈诉苦："妈妈！有人说我写的剧本没意思。"

妈妈总是鼓励他："汉斯写出来的东西怎会不好呢？"

妈妈的鼓励常能化解安徒生心中的不乐，常受到鼓励的安徒生，一直对自己很有信心。虽然家境困苦，父母没受过教育，同学也不友善，但是凭着得到的爱和鼓励，他养成了不退缩的性格。

安徒生在自己创造出来的神秘花园中，渐渐长成一个少年。他的妈妈见他成天沉浸在那想象的世界中，不禁为他的前途感到忧心。

有一天，安徒生的妈妈又看到他给小纸人剪衣服，为小木偶做衣服，就对他说："汉斯，你手这么巧，小衣服又缝得这么好，干脆去学裁缝。有这样一门手艺，将来就不愁吃穿了。"

听到妈妈又要他学裁缝，安徒生立即反对："我不想去学裁缝啊！我帮小木偶做衣服，因为那是我喜欢的游戏啊！"

可是妈妈很坚决："你得帮妈妈赚钱养家啊！做裁缝有什么不好？"

"妈妈，我决不去学裁缝，爸爸说我可以爱做什么就做什么。"安徒生也很坚决，而且一想起去世的爸爸，就伤心地哭了起来。

"那你想干什么？你已经十四岁了，不能这样下去啊！"妈妈也心疼了。

"我不是说学裁缝有什么不好，但是我要靠我的兴趣和特长才会有成名的机会。"

"那么告诉妈妈你想做什么呢？"

“我想演戏，到首都哥本哈根的大剧院当演员。”

安徒生不满足只做一个鞋匠或裁缝师，他相信自己在戏剧方面有特别的才能，也有很好的歌喉可以唱歌剧，他时时幻想着那一天的来临。成名、成功，要让很多人认识他，是安徒生很早就存在的梦想。

妈妈是疼爱儿子的，她也不忍心去打击他的志气。但是一想到哥本哈根那么远，忍不住又流下眼泪来。

“我怎么舍得你去那么远的地方？”从欧登塞到哥本哈根还得穿越海峡，对一个从小没出过远门的孩子，妈妈怎么放心呢？

安徒生的奶奶和妈妈相信卜卦。心乱如麻的妈妈不知如何是好，只好请求老巫婆来占卦，看一看是否可让安徒生出远门。

老巫婆占卦后大叫：“这是上上好卦啊！这孩子将来大有出息，会替我们欧登塞市带来光荣，你的儿子会成为名人，总有一天，全欧登塞的人要以他为荣。快依着孩子的心愿让他去吧！祝他成功！”

“可是，你要怎么去哥本哈根呢？”妈妈又愁眉苦脸

地说。

一直沉迷在演戏美梦中的安徒生，也突然警觉到现实的问题。怎么去呢？自己虽然存了三十先令[①]，但到了大城举目无亲，找谁是好？安徒生想起了他在报上读过的新闻，他想他可以去找哥本哈根著名的舞蹈家——沙尔夫人。

嗯，去找她。

可是怎么找呢？

安徒生想到，或许可以去请求地方上的耆老艾佛森，帮他写一封介绍信带去给沙尔夫人。艾佛森认识很多名人，一定没问题。

说做就做，安徒生找到了艾佛森的家，一见到艾佛森，便立刻向他说明来意。

“年轻人，我很欣赏你的勇气和决心，我也很想帮你，可是我不认识沙尔夫人啊！”艾佛森说。

安徒生以他不屈不挠的精神，苦苦哀求着说：“您不

---

① 先令：是当时的货币单位，12 便士等于 1 先令，20 先令等于 1 镑，30 先令对一个小孩子来说是笔不小的财产了。

帮我就没人帮我了！”他看着艾佛森有些犹豫，又说：“您就说我很想认识她。”

安徒生小小年纪就如此不畏艰难，而且意志坚定，让艾佛森很是感动，也痛心这么有才华的孩子竟然没有人栽培，于是，他就照着安徒生所言，写了一封信让他带去。

拿着一封介绍信和自己存的三十先令，未满十五岁的安徒生，信心满满地开始了前往哥本哈根的旅程。

3. 在哥本哈根独自奋斗的日子

我从十四岁离开故乡，
一个人到哥本哈根找工作，
过着有一顿没一顿的日子，
可是我从来没有气馁、灰心过，
因为我相信奶奶说过的话：
“只要你好好努力，
仙女一定会带你去你想去的地方。”
我也一直没有放弃我的希望。

当时的哥本哈根有北欧小巴黎的美名，是一个典雅的城市。

1819 年 9 月，安徒生抵达哥本哈根。初秋的冷风，像刀一样刺骨，但兴奋的安徒生早已忘了旅途的劳累，直奔皇家剧院。

“啊，这剧院是我朝思暮想的地方啊！”安徒生恨不得伏在地上亲吻皇家剧院的土地。

就在安徒生看着雄伟的剧院出神时，有个人手里拿着戏票，走过来问他：“要不要看戏？”

“要啊！”安徒生高兴地接过票就要走入剧院。

他以为那是好心人要请他看戏呢！他哪里知道这票是要钱买的。那人以为安徒生是想要赖的小流氓，气得追打他。

刚从乡下到大城市的安徒生，吓得赶紧把票还给他。

惊魂甫定的安徒生非常失望，但是他也在这时下定了决心：“有一天我要让我的剧本在这儿上演！”

有梦想就有希望，十年之后，他的第一部剧本，真的在皇家剧院上演了。那可是他一路坚持，吃尽苦头的成果！

安徒生先随便找了家便宜的旅社住下，之后就迫不及待地拿着介绍信去找沙尔夫人。他把仅有的希望都放在了沙尔夫人身上。

安徒生头上戴着一顶几乎盖住脸的大帽子，是他爸爸留下来的，而身上那套唯一的礼服，又松又大，也是用他爸爸的衣服改成的。他走到了沙尔夫人家门口，按了门铃，出来开门的女佣，一看他那身土里土气的打扮，把他当作乞丐，拿了几个铜板想打发他走。委屈的安徒生差点要哭出来："都市人怎么都这样无情？"他忍住泪水，把介绍信交给女佣，并说："我是来找沙尔夫人的。"女佣这才勉为其难地领他进屋。

安徒生见到沙尔夫人，先是深深地一鞠躬，但那过大的衣服几乎要碰到地面了，样子非常滑稽。

沙尔夫人一看到他这身奇怪的打扮，以为他是个精神病，又看完他带来的信，很不耐烦地说："这位写信的艾佛森先生我并不认识。"

这是可想而知的结果，当初艾佛森先生就告诉过安徒生，他不认识沙尔夫人。不过，虽然沙尔夫人这么说，安徒生还是不死心，用哀求的口吻说："我会唱歌，也会演歌剧，请给我机会，让我表演给您看，好吗？"

沙尔夫人看安徒生根本没有要离开的意思，而且一直表现得很诚恳，只好无奈地点点头，对他说：“那就快表演吧。”

当安徒生用尽全身的精神，卖力演唱之后，沙尔夫人面无表情地对他说：“好了，我想你不适合唱歌，你可以走了！”

可怜的安徒生差点要跪下来求她了，但沙尔夫人还是不为所动。安徒生满心的期望，如今都成了空。

走出沙尔夫人家，安徒生四顾茫然，不知何去何从。秋天的冷风迎面吹来，更加刺骨。

“现在是不能回头了。如果回去，要怎么向妈妈交代呢？”他想起了总是对他很有信心的妈妈，“不！决不能放弃希望。也许我可以到剧场找一份工作，暂时有口饭吃也好。”

乐观的安徒生又满怀希望来到剧场，但是经理一看到他，就摇摇头说：“你太瘦，又没经验，也没学历，我们这里的演员可都是受过高等教育的呢！”

可不是吗？安徒生连一张文凭都没有！

这时，剧院内响起悦耳的音乐，那不就是他最爱的曲子吗？安徒生毕竟只是一个不满十五岁的孩子，一下子就又把烦恼丢到了脑后。“先看戏再说吧！”

安徒生一边看戏，一边泪流满面，不仅因为剧情太悲伤，也因为想到自己身在举目无亲的异乡，第一天就四处碰壁，受人奚落，忍不住悲从中来。尤其一想到身上仅有的财产，在付完房钱后就所剩无几，更是号啕大哭起来了。他哭得忘情，连坐在身旁的观众都安慰他：“不要哭了，那只是演戏而已。”他哪知道安徒生是有感而发啊！

安徒生慢慢收拾起泪水，想着自己决不能就这样回家。他打起精神，告诉自己：“妈妈如果知道我走投无路，一定会很伤心的。不过没关系，这不过是到哥本哈根的第一天，慢慢想办法吧！天无绝人之路啊！”

在苍茫夜色中，安徒生拉拢衣服，缩着身子，迎着刺骨的北风，在饥寒交迫中回到旅社。一路上累积的疲劳，让他一头栽在床上，沉沉睡去。

第二天，安徒生已经没钱住旅社了，幸好他认识一位和他同行到哥本哈根的女士，愿意供他吃住，还帮他买了份报纸。他打开报纸，翻阅着求职栏，只有小学程度的他，除了当学徒，恐怕也找不到其他的工作了。

安徒生心想："先去当个学徒再说吧！这个木工正在找学徒，去试试看吧！"

安徒生到了工厂，还没见到老板，却被其他等着上工的人狎弄。这种不友善的举动让安徒生放弃了在这儿当学徒的念头。

"这地方是待不下去了。"好强又敏感的安徒生自忖着，"但是，要去哪里呢？"

安徒生想，或许可以再试试用自己的爱好和特长——唱歌，来争取演出的机会。他记得曾在报上看过一则新闻，报道一位叫西伯尼的意大利人要当皇家音乐学院院长的消息。那么就去找这位音乐家吧！

在往西伯尼家的路上，安徒生虔诚地向上帝祈祷："主啊，请再给我一次机会！若是不行，我只好回故乡去学裁缝了。"

从门缝流泻出的欢笑声告诉安徒生：西伯尼家正在举行宴会呢！安徒生鼓起勇气，敲开西伯尼家的门。在听了安徒生的说明后，西伯尼很客气地请安徒生进去，安徒生很高兴："上帝听到我的祷告了！"

虽然他还是那一身奇怪的装扮——过大的帽子盖住了脸，宽大的衣服使他显得更瘦长，但是大家都对他很友善。

"你说你爱唱歌，那么就请你唱给我们听吧！"西伯尼说。

安徒生按捺住喜悦的心情，全神贯注地唱了一首他拿手的歌，还念了几段诗。当他还沉醉在迷人的诗境中，一阵热烈的掌声把他拉回现实，安徒生简直不敢相信这掌声是为他而响起的。对于一个流落异乡，走投无路的孩子来说，这是很大的鼓舞。

有一位客人还站起来对他说："你将来一定会有成就的，但是到时候你可不能太骄傲哦！"

安徒生感动得流下泪来，频频向在场的宾客鞠躬致谢。

上帝不仅听到安徒生的祷告，还送他一个珍贵的礼物！担任音乐学院院长的西伯尼雪中送炭，不仅愿意免费教他音乐，还一再鼓励他："只要你努力，我会尽力帮助

你的。”

在场的客人有很多教授与诗人，都是西伯尼的朋友，他们心疼安徒生只身到大城来求发展，更佩服安徒生即使受了折磨还能不屈不挠，寻求任何一个可能的机会。他们都感受到了安徒生的热诚，愿意为他筹措生活费。

“啊，上帝，感谢你！”安徒生心中充满着对上天的感恩。

从此，安徒生很用功，每天都去学音乐。虽然在哥本哈根的日子过得很辛苦，常常没有钱吃东西，饿个好几天也是常有的事，有时交不出房租，就窝在公园的椅子上过夜，但是安徒生从不放弃希望，对自己的前景充满信心。

好景不长，安徒生圆润、清脆、悦耳的嗓音，渐渐变得沙哑、低沉，一天不如一天。有一天西伯尼对他说：“汉斯，以你现在的嗓子，恐怕不能成为音乐家了。”

安徒生不肯向命运低头。没有人告诉过他，青春期的身体是会变化的，他以为他得天独厚的嗓音，莫名其妙地坏了。他苦苦哀求着：“老师，请再给我一次机会，我一定会加倍努力。”

“可是，嗓子是努力不来的。”西伯尼无奈地说。

安徒生只能默默承受痛苦，失望地离开。

“怎么办呢?”

正当他徘徊街头，不知如何是好的时候，突然，他想起了之前认识的诗人古德伯格，也许可以找他帮忙，于是安徒生写信给古德伯格求救。

真是天无绝人之路！好心的古德伯格觉得安徒生很用功好学，于是答应帮助他，不仅热心地替他想之后的出路，还把刚拿到的版税分了一半给他。

“你的信有不少错字，我想你应该好好地上些课，如果你愿意，我的朋友可以帮你。”古德伯格说。

安徒生当然很高兴有人愿意指导他。古德伯格不但找朋友免费替他上课，还介绍戏剧界的朋友给他认识。

在哥本哈根最贫穷的地区，安徒生租了个房子。房东太太非常苛刻，对房租更是要求一文不能少，而且得准时付清。

“一个月两镑，一便士也不准少！”

由于安徒生用的钱都是别人捐助的，一个月顶多只有三十二先令，房东要求的房租，已远远超过他所能负担，这使他苦恼不已。他苦苦哀求房东太太，结果是以一个月三十二先令成交。

安徒生很感谢房东太太，他把住的地方当成自己的家，偶尔帮房东太太做些杂事，虽然房租没能少，但房东太太每雇他做一件杂事，都会付他一便士，使他手头有些零用钱可以买些碎布来做小衣服。他可没有忘记缝小衣服的嗜好！只有在缝小布衣、剪小纸人的时候，他的一切烦恼才会暂时消失。

安徒生在一个人生地不熟的大都市里跌跌撞撞，有时挨饿受冻，有时被人讥讽，虽然受尽折磨，但是他从不灰心。他凭着一股热诚和坚定的决心，总是能获得许多人的帮助，这也使他忘记了苦痛，并且从生活中，看尽人生百态，学到做人道理。这一切都有助于他在写作上的发展。

终于，他在剧团里找到一个职缺，成为半职的演员，其实就是小配角或临时演员等小角色。平时跳跳舞或当活布景，勉强可以维持生活，可是这对喜爱戏剧的安徒生来讲，可说是再幸福不过的事了。

渐渐的，安徒生对戏剧的爱好大过了一切，他开始找理由不去上课，这让热心帮他的古德伯格相当生气，在被古德伯格大骂一顿之后，满心惭愧的安徒生也被剧院给解雇了。幸好，这时他在哥本哈根已有两三年了，对环境比较熟悉，决定留下来学习写剧本。他对自己说："没有其他的生存之路了。"

他将以前自编自导的木偶戏的片段，编写成一部剧本，希望可以被剧院采用。可想而知，安徒生写的第一个剧本被退了回来，因为他没有受过正规教育，拼字错误百出，写出的剧本不合乎皇家剧院的要求。但是，当时的剧院经理柯林先生，却认为安徒生很有说故事的才华和想象力，他希望安徒生再去受一些教育，多读点书，也许有一天他能写出合格的剧本，在皇家剧院演出。

柯林向丹麦国王弗雷德里克六世推荐安徒生为贷款学生，国王也马上批准了柯林的推荐。安徒生听到这个消息，简直不敢相信。每月除了可以领到一笔数额不少的奖学金之外，教育机关还给了他到拉丁文学校学习的机会，这是安徒生以前从没碰到的善遇。

安徒生临行前专程去拜访柯林，并向他表达内心的感激。柯林温和亲切地对安徒生说："有什么需要，尽管告诉我，在我力所能及的范围内，我一定会帮助你的。你以后的生活情形也可以随时和我分享。"柯林关心的话，使安徒生忍不住感动的情绪，泪流满面得一句话也说不出来。安徒生曾经在自传中写道："世界上没有第二个人会像他那样关心我，也没有一个人对我的成功那么欣慰，我想，就是我父亲在世，也不过如此吧！"他在自传中还称柯林是他的第二父亲。

开学的日子就要到了，安徒生收拾起简单的行李，告别哥本哈根，前往拉丁文学校上课了。

4. 另一种苦难

人生本来就有很多苦难，

但是我决定不被打倒。

十七岁的“小学生”

从小就喜欢唱歌又梦想成为演员的安徒生，从没想过能进学校读书，可是这从天而降的好消息——由国王拿钱出来给他受教育，这是多么大的殊荣啊！他虽然比同班的同学大了两三岁，又被排在低年级的“放牛班”，他也毫无怨言。

1822 年 10 月，安徒生离开住了三年的哥本哈根，也结束了他的流浪生活，终于可以安定下来了。他非常高兴，迫不及待地写信告诉母亲这个好消息。

“我的小汉斯现在是皇家的公费生了！”安徒生可以想

象妈妈收到信后，一定兴奋得到处告诉乡亲，大家也都会为他感到高兴。“要是疼他的祖母还在，不知道有多快乐！”他们可能也会这样惋惜的感叹。

可是，安徒生的流浪生涯结束之后，另一种折磨才刚开始。

安徒生从哥本哈根坐马车抵达拉丁文学校时，正是秋高气爽的季节，乡野间满处的红枫，为这僻静的小城增添了几分秋日的景色。

安徒生对拉丁文学校的学习备感吃力，因为他以前没有受过正规教育，对所教的科目如数理、文学、史地都一知半解，现在从头学起很不容易，唯一的办法就是用功读书，以加倍的努力来弥补他不及别人的地方。安徒生偶尔也会在校园内走走，欣赏大自然的美景。

用功的结果，是他总算把课业理出头绪来了，只是同学们都对他的奇怪衣着“另眼相看”，不想和他接近，这使他很难过。一直生活在贫穷中的安徒生，哪有多余的金钱和心情去打扮外表呢？

但是，令他更难受的是梅校长的羞辱。

梅校长除了管理校务，还担任安徒生的拉丁文老师，他对安徒生特别严苛："你是公费生，应该特别用功，不要辜负了国家对你的栽培！"

每次上课，也许是太紧张了，安徒生常常答不出梅校长问的问题，梅校长总会不留情面地冷嘲热讽："你比同班同学大好几岁，为什么那么笨啊？""你真是笨猪！""傻瓜，那么简单的问题也不会！"这使安徒生无地自容，恨不得有个地洞钻进去。有时候他借笔抒怀，把写好的诗呈请梅校长指导，梅校长竟然勃然大怒："你以为来这里是给你写诗的吗？别浪费时间了。"吓得他每次见到梅校长就全身发抖，上课对他来说已经变成一种刑罚。

安徒生很不明白从事教育工作的梅校长怎会如此残酷。原以为到了拉丁文学校可以安心用功学习，没想到校长这样侮辱他，同学也对他不友善，他真想放弃了。好几次他忍不住逃回哥本哈根，向柯林诉苦。柯林都在耐心地听完后，又婉言相劝："打起精神来，好好用功吧！难道你还想回头过从前那般的流浪生活？难道你忘记你的梦想了？"

想到那段流浪吃苦的日子，安徒生再一次咬紧牙关，回到学校，忍受梅校长的辱骂和同学的戏弄。心中痛苦得受不了时，除了写日记，他还写信给一位关心他的老师，老师不但安慰他，还以自己的遭遇为例，鼓励他说：“我读书的时候也遭到同学的戏弄和取笑，可是我没有屈服，我立志用功读书，才有今日的成绩。别放弃！我相信你将来一定有不凡的成就，加油吧！”

老师的安慰使安徒生感到无限温暖，他是一个情感丰富且需要人关怀的孩子，有了柯林的支持和老师的鼓励，他就更加用功读书了。他一再地告诉自己：“决不能被打倒！”

于是，在学校他认真学习，知道了该怎么正确拼写，怎么读拉丁文，也学会几何与数学，但是他也没有放弃写诗和剧本。

安徒生是天生的诗人。不管是春天时，漫步在繁花点点的绿野，或是冬天行走在皑皑的雪地上，他都会文思泉涌。开阔的大自然，就是他倾诉心中愁思的地方。安徒生常到学校后面的小山坡散心，望着深远的山谷和无际的蓝天，写下一首首感怀诗，这也是他在拉丁文学校最大的精神寄托。

安徒生在拉丁文学校的这一年，除了拉丁文“尚可”之外，其他科目都得到了好成绩。他很高兴，证明了他的努力没有白费。

趁着暑假，安徒生回到故乡探望妈妈，也舒缓一下紧张的心情。安徒生的妈妈见到他，兴奋地给了他一个大拥抱，乡亲看到他也都很高兴。想想离开家乡也好几年了，当初艾佛森先生不嫌麻烦地为他写介绍信，他真的非常感激，这次回到故乡，得特别去拜访道谢才是！安徒生抽空登门致谢，也因此与艾佛森的孙女凯莉成了好朋友，两人维持了一生的友谊。

轻松愉快的时光总是过得特别快，转眼又得回到拉丁文学校了，又得面对梅校长的考验了！当安徒生回到学校后，得知梅校长将要转任他校，心中窃喜，但是没想到梅校长竟然写了一封信给柯林，表示想带着安徒生一起去新任教的学校，这样一来不仅可以亲自教他，也可以帮他安排升学事宜。柯林当然是欣然同意了，所以安徒生只得遵从柯林的建议，硬着头皮答应了。

白天在新学校上课，晚上借宿梅校长家，这对安徒生来说是多么痛苦的煎熬啊！他在给柯林的信上曾提到：“你如果看到我灵魂的底层，你就会了解我有多么寂寞……即使是开放的湖底，泳者都不能测知它的深处。”

他的内心有一种无人能解的痛苦、寂寞和委屈，也就是在这种起伏不断的痛苦煎熬下，写诗的灵感如潮水一般流泻而出，心中的诸多情绪也得以纾解。

这些诗，也就是他走向写作的开始。

现在我们就来欣赏他的两首诗作吧！

自画像

看那少年，

站在山坡上，

脸白如云，

鼻长如沟，

眼小如豆，

他唱着走调的德国曲，

凝视着落日的孤星，
啊，他为什么站着不走？
老天，我不是神，
如果我没错，我敢确定——
他不是发疯，就是发痴，
要不，就是真正的诗人。

从这首诗可以听到他的心声。

临终的孩子

妈妈，我好累，我要睡了，
请把我抱在怀里，妈妈，
让我睡个好觉。
妈妈，您不要哭，
您的眼泪掉在我的脸上，
如火般的滚烫，
虽然外面是冰冷的寒天，
风呼啸而过，

可是，梦里的世界，多么美好！
当那疲倦的眼睛闭起来，
可爱的小天使就在眼前舞蹈。
妈妈，您的双颊已被泪水湿透，
像火一样滚烫，
妈妈，您一哭，
我更要放声大哭，
唉，我太疲倦了，
我眼睛睁不开了，
妈妈，您看啊！
天使在亲吻我。

安徒生一心一意希望妈妈能以他为荣，在诗中他写下了对妈妈的思念，也向妈妈倾诉心中的委屈。

面对种种的精神折磨，安徒生并没有整天把自己关在斗室中唉声叹气，自苦以终。除了写诗抒情之外，他更爱接近文学界的朋友，还把作品寄给他们，请他们批评指正。他们都对安徒生的作品非常欣赏，常常给他很大的鼓励。伍尔芙上将全家更是对安徒生有如自己的家人，不仅在生活上帮助他，也在精神上鼓励他。安徒生常在伍尔芙上将的家中朗读自己的诗，也获得许多热烈的掌声。伍尔芙的女儿和安徒生尤其谈得来，安徒生在自传中曾称赞她为文艺女神——缪斯。她不仅思想敏锐且富有幽默感，时常激励安徒生，给他许多建议，使他的作品免于流入琐碎的俗套。两人成了一生心灵的知己。

在这些文学界的朋友之中，安徒生对欧伦施莱格尤其钦慕，视他为楷模①。欧伦施莱格看过安徒生的诗之后，大加赞赏。这时的安徒生有如踩在云端一样飘飘欲仙，几乎想要当一辈子诗人了。

但是，可以想象的，被梅校长发现他分心写诗的时候，会遭受怎样无情的怒骂！对于一个善良又感情丰富的青年而言，梅校长的羞辱真如千刀万剐，让他生不如死。

多年后，当安徒生声名大噪的时候，在某个场合再次

---

① 当年欧伦施莱格因为对文学的爱好，放弃了律师的职位，并以复兴丹麦文学为己任，后来果然成就辉煌，被公认为丹麦文学的太阳，并有“斯堪的纳维亚诗王”的封号。这使安徒生大为兴奋，也得到鼓励，一心以欧伦施莱格为榜样。

见到当年使他痛苦不堪的梅校长，梅校长立刻与他握手并向他道贺："恭喜你现在已经是著名的诗人了，我当年真是错待了你。"

安徒生并不记恨，很大度的回答："如果不是校长严厉的管教，我不会有今天的成就。"

伟大的心灵永远往前走，安徒生没有浪费时间在自怨自艾中，他将起伏的情绪、奔放的情感，都化作了美丽的诗篇！

成为大学生

在1828年的春天，安徒生回到了哥本哈根。他真的是从过去的折磨中，脱胎换骨成另外一个人了。想起初到哥本哈根时，那穿着过大的衣服，戴着他父亲的大帽子，让许多人误认为是叫花子的安徒生，现在从里到外容光焕发，是不是像极了丑小鸭变成天鹅呢？

安徒生到哥本哈根后，柯林特地介绍缪勒①当他的补

① 缪勒牧师当时还只是个学生，后来因为孜孜不倦地研究斯堪的纳维亚的语言和历史而声名显赫。

习老师。缪勒常常到安徒生的住处，指导安徒生拉丁文与希腊文以及读书研究等大学课程。这位亦友亦师的缪勒，对安徒生非常真诚，两人也很谈得来，但是缪勒是将《圣经》奉为金科玉律的人，他对神的看法与安徒生完全不同，安徒生的论调常令缪勒不能认同，因此，两人时常发生激烈的辩论。

但是人格高尚又性情温和的缪勒，对安徒生的大胆直言不仅不生气，反而非常欣赏，两人不同的见解时时产生智慧的撞击。这种上课方式，让安徒生开始转变。他变得能够毫无掩饰、充满自信地提出内心的感想和见解，已经不再是那个忍气吞声的“小学生”了，这对安徒生的思想和创意都大有帮助。

有一天，安徒生收到欧伦施莱格的来信，这使安徒生惊喜万分。读完信之后，他更是欣喜若狂。

“汉斯：我不忍心看着你埋没天才，我希望你能来我任职的大学读书。”

啊！太好了，原来欧伦施莱格已成了大学校长。

“哇，太棒了！上帝真的在照顾我了！”安徒生高兴得大叫着。

上大学，那是当年人人都视为可以抬高身价的阶梯，有多少人想进入大学，却不得其门，出身困苦的安徒生，做梦都不敢想会有机会上大学。本来，能上拉丁文学校，已经是天大的恩赐了，如今若不是欧伦施莱格的推荐，他连大学的门槛都跨不过，这使安徒生更加感谢欧伦施莱格，也对上天的恩赐加倍珍惜。

一定是上天特别眷顾，安徒生才能拥有无限的爱。柯林爱他，伍尔芙一家爱他，欧伦施莱格爱他……他得到多少人的爱啊！

5. 走向写作的路上

人生就是旅行，旅行就是人生。

离开了拉丁文学校之后，没有梅校长的阻挠，没有讨厌的拉丁文作业的压力，安徒生可以全心全力地写诗了。大学时期的安徒生，脑中的灵感就像藏不住的火花，不断地绽放光芒。

有一天，安徒生走在回家的路上，突然有各种奇特的想法钻进脑中，他快步赶回家，用笔抓住这些灵感，写成了一部充满诗味的《步行记》。可是像他这样默默无闻的新进诗人，有谁愿意出版他的作品呢？于是他决定自费出版。

果然，有志者事竟成，安徒生自费出版的《步行记》很受欢迎，出版商马上就向他买下再版的版权，而且连邻国瑞典也翻译了这本作品。于是，文坛升起了一颗新星——汉斯·克力士·安徒生，他的名字逐渐家喻户晓，响亮了起来。

可是成名之后，批评也随之而来。起初安徒生沉浸在成功的喜悦中，对这些批评不太在意，但是丹麦的评论界对安徒生的作品吹毛求疵，将书中的拼写错误挑出来大肆批评，无情地泼他冷水，让正要开始追求自己梦想的安徒生相当难过，心灰意冷，甚至开始怀疑自己的能力。柯林深知安徒生在写作上的才华，他劝安徒生："你还是出国去散散心吧！把自己丢在陌生的环境，接受新的氛围，从烦恼中解脱出来吧！"

于是，在柯林的建议下，安徒生用自己省吃俭用存下来的钱，去德国散心。这次出国的经验，也开启了他对旅行的兴趣。

从德国回来后，安徒生积极寻求到各国旅行的可能，只是当年在欧洲各国间，旅行不仅不普遍，而且只有王公贵族有能力支付旅行的费用。只靠写作维持生活的安徒生，怎么可能有闲钱支持自己到处旅行？安徒生想了又想，最后只好厚着脸皮去找国王帮忙。慈爱的国王一向很欣赏安徒生的才华，他接受了安徒生的申请，给他一笔旅行资金。满怀感激的安徒生，终于踏上了旅行写作的道路。

在安徒生的写作生涯中，旅行占了很重要的位置，这对他来说是种最好的教育方式。他曾说："旅行就是生活。""只有在旅行时，人生才会多彩多姿。""我必须一看再看，把整座山，整条河装入我心中的行囊。"他一边旅行一边写作，无论走到哪里，每当晚上回到住处，夜深人静时，他都会一一记下当天的所见所闻，而这些都成了他日后创作的素材。

行万里路胜读万卷书。安徒生用脚旅行，用眼看世界，用心体验不同的文化，那些童年时显现在他眼中的幻想世界，如今都变成了旅行时看见的新奇景观，实实在在映现在他的眼前，这怎能不让他兴奋雀跃呢？

在游历各国时，更令安徒生感动的是结识了很多文坛的名家，如大诗人海涅、童话大师格林兄弟、小说家狄更斯等，他们都热情地给安徒生很多的鼓励，更为安徒生拓展了写作的视野。

安徒生虽然在国内受到排斥，但是他在国外的朋友、同好，却不断给他热情的鼓励。以诗交友，以文会友，安徒生在各处都受到了欢迎和盛情招待。

在众多文友中，我们可不能不提到这几位大文豪与安徒生的可贵情谊……

在法国见到了海涅

得到国王的经济支持，安徒生又背起行囊，前往法国游学旅行。幸运的是，他在巴黎遇到了心仪已久的作家——海涅。海涅是德国的大诗人，长年旅居法国。安徒生抵达巴黎后，就在欧洲文学俱乐部见到了他。

海涅的个子小小的，一看到安徒生，马上笑容满面地走过来，热情地伸出手："德国和丹麦是兄弟之邦，你是丹麦人，我是德国人，我们就是兄弟！"海涅紧紧握住安徒生的手。

对于从小受尽冷落的安徒生而言，只要有人对他友善，他就感动得热泪盈眶了，更何况是大诗人海涅如此待

他，这使安徒生感动不已。因为海涅的诗是安徒生早期的创作灵感来源，尤其是海涅的讽刺笔法，更是安徒生学习的标的，海涅根本就是安徒生的偶像！难怪安徒生和海涅握手的小小动作，都让他感动很久。

这次见面，海涅对安徒生留下很好的印象，第二天还到安徒生住的饭店来找他。之后，两人常常碰面，有时还会一起在林荫大道散步。

在巴黎能见到他崇拜的诗王，难怪安徒生逢人就说："我这趟到巴黎真是不虚此行！"

《雅哥纳与人鱼》和《即兴诗人》

在法国境内，安徒生四处游历，浪漫的莱茵河，雄伟的凡尔赛宫，都给他留下了深刻的印象。离开法国，安徒生到了瑞士，住在侏罗山一个环境清幽的小镇上。他常常站在山上，欣赏着山水间的美景，心中对大自然之美的赞叹，如泉源般从他的笔尖流出。他一面听着泉水流过的声音，一面写诗，在旅居法国、瑞士期间，他完成了诗集《雅哥纳与人鱼》。

马车载着安徒生，沿着河谷穿过山岭。那儿有温暖的阳光，是气候宜人的意大利。1833年9月，安徒生抵达意大利，南欧亮丽的阳光，以及海滨细致的沙石、蔚蓝的海水，不断拨动着安徒生的心弦。他本来就是一个情感丰富、心思敏锐的人，在意大利这一个风光绮丽的南欧国家，不由得写出这样的诗句："要是我有一双翅膀，能够自由飞翔，那是多么幸福啊！"

在意大利旅居的日子，他确实快乐无比。

罗马的古迹与安徒生的想象串联，潜伏于他脑海中的文采被发挥出来。安徒生在罗马又完成了《即兴诗人》的头两章。

他出版的《雅哥纳与人鱼》一书，并没有获得国内批评家的欣赏。当他想继续创作《即兴诗人》的时候，他兴高采烈地把这个想法告诉了好朋友，但那位他最信赖的朋友却写信告诉他："你写得太多了，你刚完成一本书，下一本又已经开始写了一半，像你这样不断地写，会把出版商都烦死了，谁还出你的书……"并且毫不留情地说《雅哥纳与人鱼》是一部平庸、幼稚、倒胃口的作品。

安徒生收到信后几乎想自杀了，他受不了这个无情的批评。他在日记上写着："我的灵魂深处已受到震撼，我不能再思想，我也没有感觉，我失去了对人和对神的信心，这封信已把我推向了绝望的深谷。"

然而，命运之神并没有怜悯他，从家乡传来的除了恶评，还有他母亲的死讯。

那年，安徒生才二十九岁。安徒生想到母亲再也看不到他的成就，想到在这世界上也再没有人与他血脉相连，忍不住大哭了一场。

来自国外的鼓励

在朋友们诚挚的安慰中，安徒生收拾了悲伤的心情，继续踏上旅程。1834年，安徒生结束旅行回到丹麦后，完成了《即兴诗人》一书，于1835年出版。这是一本自传式的小说，出版后马上就二版三版地加印，得到各方好评，并被译成德语与瑞典语。但是家乡的评论家仍不放过任何打击安徒生的机会，无情地给予他的作品严厉的批评。但是安徒生并不因此气馁，他仍笔耕不辍，支持他的除了自己的信仰——相信自己是有天赋的——之外，更重要的是来自海外的认可与赞誉，以及读者的肯定。

安徒生曾说过：“敌人越多，帮助你的人也越多。”每次受到攻击时，他都会如此安慰自己，甚至在获得王公贵爵的嘉勉与授奖时，他就会感恩地向上帝致谢：“我得到的这一切恩宠，都是上帝给我的福祉。”

1837 年安徒生访问了丹麦的邻国瑞典。瑞典与丹麦只隔一道海峡，语言也相通，安徒生像是遇到了亲人般的高兴。他爱上了瑞典，几乎把异乡当家乡。热情又天真的安徒生，按捺不住欢欣的心情，写了一首歌颂瑞典的诗，把瑞典、挪威与丹麦的百姓，大大地推崇了一番，这首诗奠定了他北欧诗人的地位。

1840 年他游历了意大利、希腊、君士坦丁堡。

1843 年安徒生再次离开哥本哈根，前往巴黎。距离上次去法国已有十年，他从丹麦出发，经过德国、比利时……又来到巴黎。他不仅避开丹麦寒冷的冬天，同时也避开了丹麦评论界无情的批评和攻击。

他曾在自传中说过：“最热忱的鼓励来自国外，这使我精神抖擞……在国内有谁真正注意、培养过我？……人人都千方百计地压抑我的成长，但是上帝希望我继续发展下去，所以他从国外送来了阳光。”①

安徒生相信“老天有眼睛在看着你的”，他相信在读者中存在着一股巨大的力量，像光和热一样，温暖着他的心，也支持着他不被击倒。只要不放弃，他总有一天会在丹麦站得住脚，会得到他应得的尊重。

与雨果的交会

法国的巴黎和意大利的罗马一样，都是当年欧洲的文艺中心。再次到了巴黎，安徒生又见到了雨果，这位创作了《悲惨世界》的法国作家，他也是浪漫主义②的领导人，

---

① 英国著名作家、诗人华兹华斯也对安徒生鼓励有加，他对年轻的安徒生初出茅庐，就备受国人攻击，很是同情。他后来在与安徒生相遇时说：“你写诗时还是少年，但我相信你将来一定有成就……事实证明，我没看错。”安徒生的另一位知交沙美苏，对安徒生的新作品，都会评价、推崇。他总是说：“安徒生的文字轻松、生动，把生命灌输到人物与风景中。”

② 浪漫主义是一种文艺的基本创作方法。在19世纪初期的欧洲，浪漫主义已渐渐取代了古典主义，它倾向于自我解放、对美的憧憬与抒情成为撰写的主题。华兹华斯、拜伦、乔治·桑等都是著名的浪漫主义作家。

比安徒生年长三岁。十年前安徒生第一次到法国时就贸然地去他家拜访。安徒生当时还是文坛的新人，雨果根本不认识他，使他失望而回。

这次可不同了，十年之间，安徒生已名扬天下，雨果知道安徒生在丹麦老受评论界攻击，特地带安徒生到法兰西剧院看一出悲剧作品。这剧本是雨果写的，这出戏每晚都在剧院演出，观众嘘声不断，演出非常失败。可是，雨果夫妇不仅不感到灰心失望，还陪着安徒生一起观看，这使安徒生非常感动，对于他自己在国内遭到的批评和不屑，也就释怀了。

再次来到巴黎，安徒生可没忘记他的老朋友海涅。他专程去拜访海涅，这次，他在海涅家看到一屋子的孩子。海涅轻搂着他美丽的妻子，幽默地介绍："这些孩子全是从邻居家借来的，我们还没有孩子呢！"随即拿出一首他写的诗送给安徒生。

此外，安徒生也见到了许多文学界的名人。在法国他真是如鱼得水，他把这一切全写进了日记，表达了他对文友间的友情的珍惜。

在德国与格林兄弟相会

由于安徒生出身贫寒，没有受过当时欧洲的礼仪教养，而他又急于认识文学名家，常常会贸然登门拜访。在德国格林兄弟住处，也上演了如在法国雨果家那种尴尬场面。

1833年，安徒生来到德国，便贸然跑去拜访童话大师格林兄弟。当女仆问他要见格林兄弟中的哪一位，他脱口而出：“作品最多的那一位。”其实他也不知道哪位作品多。

“喔，那就是哥哥雅各布·格林了。”

女仆领着安徒生进屋，雅各布冷静机警地打量他，心想：“谁会这样冒失，不请自来呢？”

“我到府上拜访，没有带介绍信。不过，我想你应该认识我吧！我是汉斯·安徒生。”安徒生说。

雅各布觉得有些困扰：“对不起，我不曾听过。您是不是写过什么作品？”

安徒生很窘迫，他说了一些自己的童话作品，又提及他写的《即兴诗人》和一些小故事，对方还是摇摇头表示没听过，真叫安徒生尴尬不已。

安徒生赶紧又说："丹麦已出版了一部童话集，其中有我的作品。"

雅各布很难为情，他真的不知道关于安徒生的事情，困窘地说："您说的那本书我还没看过。这样好了，让我介绍您认识我弟弟威廉吧！"

这情景让安徒生非常难堪。"不了，谢谢您！"安徒生说完就急忙告辞了。

过了几个礼拜，雅各布·格林到了丹麦，刚下船就特地去拜访安徒生，两人会面时间虽然不长，却相谈甚欢。当安徒生再次到德国拜访时，他们就成为朋友了。

几年之后，安徒生又到了德国。某个夜晚，安徒生在一位伯爵夫人家里见到了雅各布·格林的弟弟威廉·格林。他对安徒生的作品给了精彩的评语："你的想象力会使孩子增加乐趣。"他又说："上次在德国，哥哥不认识你，让你那么尴尬，真的很抱歉！如果是我，一定可以立刻认出你来。"

这次在柏林，格林兄弟陪着安徒生到处旅行。他们倾听安徒生讲故事，并对安徒生的作品发表他们的看法。他们一致认为安徒生的童话富有想象力，并且老少皆宜。这使安徒生大受激励，也对格林兄弟真诚的态度非常感动，三人相处得非常愉快。

在离开德国之前，安徒生受到了国王的表扬，获颁勋章，这是他一生中第一次接受这种殊荣，兴奋之情溢于言表。这趟德国之行，真是太令人难忘了！在返回丹麦途中，丹麦国王克里斯蒂安八世也因他文学上的成就，授予他勋章。两天后他回到丹麦，他写的《克里斯蒂安》正在剧院上演。这出戏的歌词就是安徒生写的，具有真正的丹麦特色。

1847 年，安徒生又从哥本哈根出发，经过荷兰到英国访问。在荷兰停留的几天中，他受到了盛大的欢迎，宴席中全是文艺界的名流，在这诗人、作家、画家与演员齐聚的场合，充满了对安徒生热情的贺词。大家很感谢柯林先生对安徒生的栽培，使得今日文坛才有安徒生这颗闪亮的星星；恭贺安徒生得到国王赠予的勋章，还祝福安徒生

将来也会接到上帝颁给他的一枚勋章，因为他写了那些诚挚动人的童话。他就像神秘花园里的精灵，挥舞着手中的魔法棒，将这世界点缀得五彩缤纷。

与狄更斯的情谊

安徒生从荷兰到了伦敦，这是他第一次来英国。他受邀在布莱辛顿女士家中做客，正在自己的作品上为布莱辛顿女士题字签名时，狄更斯翩然而至。安徒生见到狄更斯，开心地上前相迎，两人热情地握手后，很快便亲切地交谈起来了。①

狄更斯少年时，由于家境贫苦，辍学打工，但因为心中有梦，不被困苦的环境打倒，积极上进。安徒生觉得这和自己很相似。如今见到了狄更斯，感情丰富的安徒生更深深被狄更斯的热情、真诚所感动，热泪盈眶。

在布莱辛顿女士家结识之后，安徒生与狄更斯常常交换写作意见与看法。狄更斯还把自己的作品寄给安徒生，

---

① 安徒生与狄更斯初识时，狄更斯的文名已传遍大西洋两岸，他写市井小民的生活及幽默风趣的故事，非常受欢迎。

还邀请安徒生到他的住处做客。他把孩子们叫来，他们可都是安徒生的读者呢！孩子们一一亲吻了安徒生，并对他说："我们都好喜欢读您的童话。"安徒生很喜欢孩子，希望孩子们都爱读他的作品，听到孩子们对他的称赞，他更加欣喜。

安徒生在狄更斯家受到了热情亲切的招待。他们除了谈彼此的写作，狄更斯也很关心安徒生的收入。当他得知安徒生稿费微薄，还一直住在朋友家或旅社，连房子都买不起时，大为惊讶。当时狄更斯在英国已名利双收，而安徒生还得忍受丹麦文艺界的批评与排斥，这使狄更斯大为不平。

在这个愉快的夜晚，安徒生分享了他们家庭的温暖，更找到了心灵上的知己。临别时，狄更斯不仅到码头相送，还走到船上对安徒生说："我想再次与你告别。"他们两人紧握着手，依依不舍。

安徒生从英国回到丹麦后，在圣诞节即将来临时，将一本新出版的童话集寄给狄更斯当圣诞节礼物，并附了一封信给狄更斯：

亲爱的狄更斯：

我又回到了丹麦安静的家，但每天都在想念亲爱的英国，因为在那里的日子，我的英国朋友把我的生活变成了动人的故事。

我正忙于写一部更大的童话作品，我也有强烈的愿望：把我的诗歌传播到英国。做为圣诞节的祝福，因此我把它寄给你——我亲爱而且卓越的朋友——查尔斯·狄更斯，您一直是我尊重的作家，从我们相识之日起，您就常在我的心中。

是您的手在英国海岸上紧握了我的手，是您在英国码头向我挥别，在此，我也从丹麦向您致上我回国后真诚的问候。

安徒生

1847.12.6

狄更斯接到信和书后，也回了一封非常热情的信：

亲爱的安徒生：

多谢您的圣诞节礼物，我无法告诉您，我是多么珍惜像您这样有天赋的人所赠的书。您的书我们全家人都很喜欢，尤其是我，一读再读，爱不释手，谢谢您让我们过了一个愉快的圣诞节。

与您一样，我也时常想念您在英国的日子，您与我的友情，我将加倍珍惜。

查尔斯·狄更斯

回到丹麦后，安徒生出版了自传《我生命的真实故事》。书中记载了他前半生的经历与感受，以及欧洲当年的文学、艺术活动，还有他旅行各地的风土民情，他的勤快和用功，为后人留下了许多探讨他一生事迹的资料。

这些伟大的灵魂，在异国交会，迸出灿烂的光辉，让后人津津乐道。

6. 童话故事的开始

生活本身就是美丽的童话。

安徒生喜欢说："生活本身就是美丽的童话。"其实他的童年，就是一个孕育童话故事的温床。小时候与奶奶去医院时，那些老太太讲的传说，还有爸爸编造的有趣故事，都清晰地印在他的脑海中。在他名扬海外时，他的作品却一直无法得到丹麦评论界的肯定，难道是他不该写诗写小说？这个时候，儿时的那些乡野故事浮现脑中，安徒生利用自己的想象，将这些故事加上生动美妙的词汇，改编成情节曲折多变的故事。他将这些改编的故事，说给别人听，没想到竟大受欢迎，从国王到老百姓都被深深吸引。更重要的是，从讲故事的过程中，他的心情也得到舒缓。尤其是每到有小孩的朋友家，孩子们都喜欢听他讲故事，更使他对创作童话产生了兴趣。

《小伊达的花儿》

有一次，安徒生到诗人朋友蒂勒的家做客，见到蒂勒六岁的女儿伊达正对着一束已凋谢的花，泪流满面地发愁着。

“我的小花怎么死了？”她泪眼汪汪地问着安徒生，“昨天晚上还开得那么美丽，但是现在全枯萎了，为什么呢？是什么原因让我的小花变成这个样子？”

“它们累坏了，”安徒生说，“这些花儿昨天晚上参加了一个舞会，一直玩到很晚才回家，所以都累得垂头丧气了。”

“可是这些花不会跳舞啊！”小伊达说。

“它们当然会跳舞，每天当大家都睡着了以后，它们就悄悄地去跳舞了。”

“小孩子也可以去跳舞吗？”小伊达感到好有趣。

“当然，所有的花儿，像菊花和百合也都会去。”

“它们都在哪儿跳舞啊？”小伊达觉得越来越好玩。

“在王宫的古堡里啊！王宫前面有一个池子，你不是常去那儿喂天鹅吗？池子的旁边开满了美丽的花朵，你的小花们就是在那后面的古堡里跳舞啊！”

“可是昨天我和我妈妈去那儿的时候，池子旁边一朵花也没有，它们都到哪儿去了？”

安徒生觉得小伊达的问题太有意思了，他把小伊达抱在膝上，开始告诉她花儿如何去皇宫跳舞的故事。

“它们都去跳舞了。你知道吗？国王和王后每年都只有夏天住在王宫，当国王一家来的时候，花儿都开满了，可是国王一离城，花儿就都跑到古堡去跳舞了，那最美最大的两朵玫瑰花就坐到国王和王后的宝座，还有紫罗兰和一些美丽的小花都排在两旁，它们都一起跳舞……”

“可是，王宫里不会有人赶它们吗？”

“王宫里有一位管家，他手上会拿着好多钥匙，当他晚上巡逻时，那一串钥匙就会叮叮当当响，大家听到声音，就赶快躲在窗帘后面不出来，等他走了再玩到天亮也没人管。”

安徒生又接着说：“你如果偷偷从窗缝看进去，你就

会看到花儿在里面，我今天就看到黄色的百合躺在沙发上伸懒腰……”

六岁的伊达听得入迷了。这位叔叔这么有趣，他说的故事太好玩了。

后来，安徒生把这个故事说给别的小朋友听，大家也都听得入迷，于是他把这写成童话《小伊达的花儿》。就这样，安徒生的童话故事都是先用口头讲述，然后再写成文字，保留了通俗口语特色，有朗朗上口的韵味。

安徒生出版的第一本童话集中，收录了《小伊达的花儿》《豌豆公主》和《大克劳斯和小克劳斯》等篇。这本童话集中只有《小伊达的花儿》是他的全新创作，其他的故事都是由传说或他听来的故事，加以改编而写成的。

安徒生的童话集一出版就大受欢迎，但是丹麦的评论界还是不屑一顾，连亲如手足的柯林的儿子爱德华都反对他，批评他不该写童话，应该专心写像《即兴诗人》一样的小说，但是安徒生已决定把今后的写作重心放在童话上，因为孩子们都爱他的童话故事。孩子是国家的未来，如果能让孩子高兴，他很乐于继续为他们写作。

《拇指姑娘》

还记得安徒生的另一篇著名童话《拇指姑娘》吗？其实这位拇指姑娘就是伍尔芙家的小女儿艾达的化身。安徒生在读拉丁文学校时，伍尔芙一家对他特别照顾，他和艾达感情特别好。艾达从小因为体弱又驼背，所以个子显得特别小，但是个性温柔又善良，安徒生总是开玩笑地叫她“拇指姑娘”。这位拇指姑娘在他脑中住了好久，终于化作文字……

一朵美丽的郁金香花中，坐着一位只有半个拇指长的拇指姑娘，漂亮的胡桃壳是她的摇篮，紫罗兰花瓣是她的垫子。有一只癞蛤蟆想要娶她当老婆，可是她不喜欢癞蛤蟆，她在小鱼的帮助下，乘着一片睡莲叶逃走了……

流落异乡的拇指姑娘受到田鼠的照顾，在他家里帮佣，偶然救了一只快要冻死的燕子，后来田鼠要拇指姑娘嫁给鼹鼠，她哭着不肯答应。燕子为了报答她，把她带到一个阳光灿烂的国度。在那儿，每一朵花中都住着一个小小的男人或女人，就在那朵最美丽的鲜花中央，坐着一位有白皙皮肤的男人，他头戴华丽的王冠，肩上长着发亮的翅膀，这就是他们的王子。这位王子很喜欢拇指姑娘，取下王冠戴在她头上向她求婚。拇指姑娘也喜欢王子，便答应了他的求婚，于是拇指姑娘便成了一切花儿的王后。

我们可以想象，安徒生写这篇童话时，也许是从寒冷的北欧旅行到阳光普照的南欧。安徒生愉快的心情全写在故事里，让故事充满色彩。想象一下：那肩上长着闪亮翅膀，头上戴着华丽王冠，坐在鲜艳美丽的花儿中间的英俊王子……多么美丽的场景！说不定那白皙皮肤的王子，就是安徒生想象中的自己呢！

《海的女儿》

安徒生已掌握了童话的妙处，那口语化的语言，以及自己生活经验的加入，不仅弥补了他现实生活中的不如意，也抒发了感情。他写童话的兴趣越来越浓厚，当他想起自己那一段失败的初恋，再加上一些对爱情故事的想象和憧憬，一个个画面出现在眼前，于是《海的女儿》的故事就产生了……

六个由奶奶教养的小人鱼，个个都出落得美丽动人，尤其最小的人鱼公主最美丽。她的皮肤又白又嫩，眼睛如海水般蔚蓝。她最爱听奶奶讲人间的故事。十五岁那年，奶奶给她戴上百合花瓣做成的花环，让她把头伸出海面去玩。

从没见过外面世界的人鱼公主，看到了许多好玩的东西。一艘华丽的大船停在海上，船上传来欢乐的音乐声，上百盏五彩的灯点亮了海面。人鱼公主看到一些穿着华丽的人，其中最吸引她目光的是一个年轻的王子。王子多么英俊啊！她已深深地爱上王子了！没想到，入夜后海上刮起大风浪，将王子乘坐的船打翻了，人鱼公主赶紧将王子救到岸边，自己又躲回了海里。可是王子不知道是人鱼公主救了他，反而对着自己睁开眼睛后所看到的女孩微笑，以为是她救了自己。

回到海底后，人鱼公主非常想念王子。“我情愿用我在海底的几百年生命去换取幸福。”为了爱，她情愿放弃海里的生活。

“可是，我们在海底认为最美丽的东西，就是你的鱼尾，但是陆地上的人类却只有腿，他们不会喜欢你的。”奶奶告诉她。

人鱼公主实在太想念王子了！于是，她不顾危险，去找大海里的女巫，愿意以自己的声音交换一双美丽的腿。女巫告诉她，如果她没有办法得到王子的爱，她将在王子和别人结婚后的第一个早晨，化为海上的泡沫。人鱼公主为了爱情，甘冒危险。女巫施展魔法，人鱼公主果然有了一双美丽的腿。

人鱼公主来到王宫，果真得到了王子的喜爱，她成为王子的仆人，每天待在他身边。可是人鱼公主没办法告诉王子自己有多爱他，她如黄莺般美妙的声音已交给女巫了。结果，王子决定要娶另一位公主了，因为这位公主正是王子遇难后第一眼看见的人。就在人鱼公主伤心欲绝的时候，她的姐姐们用头发向女巫换了一把刀，并告诉她：“只要你将刀刺向王子的心脏，就可以变回人鱼，而不会化成泡沫了！”

最后，她选择了成全深爱的王子，而不愿伤害他。就在王子婚后的第一个早晨，人鱼公主化成了泡沫。上天因为她的深情与善良，把她变成了精灵，随着风四处遨游，为人们带来幸福。

现在《海的女儿》已成为家喻户晓的童话！丹麦政府为了纪念安徒生，特地在哥本哈根的海边雕塑了一尊人鱼公主像。那孤独地坐在岸边面对着大海，好像在等待着王子归来的人鱼公主，吸引了成千上万游客的注意，成为哥本哈根著名的观光景点，到海边散步的人都不会错过。

《国王的新衣》

大家都读过《国王的新衣》吧？对了，就是那位喜欢穿漂亮衣服的国王。他几乎把所有的钱都花在衣服上，他不关心他的人民和军队，也不喜欢去看戏或听音乐，只对衣着有兴趣。有一天，来了两个骗子，他们自称是世界上最好的裁缝，可以缝出具有奇异作用的衣服，就是只有聪明和称职的人才看得见的衣服。国王很想知道哪些官员称职或不称职，也想知道谁聪明谁笨，于是重金礼聘这两个骗子来做衣服。

大臣们看到两人在那空无一物的织布机上做出织布的

样子，都不敢说出真话，谁愿意承认自己什么都没看见，还是自认不称职或是愚笨呢？就连国王也看不见什么衣服，却也不敢说出真话，只在心里自言自语："我怎么什么都看不见？难道我不配做国王？这可真是一件可怕的事。"

两个骗子装模作样地给国王穿上衣服，这一丝不挂的国王，穿着聪明人才能看得见的新衣，在大街上游行。看到的人都不敢说出实情，还不断称赞着：

"这衣服多美啊！"

"多么好看的花纹啊！"

……

一直到一个小孩疑惑地说："可是他什么衣服也没穿啊！"

这孩子天真的话一说出口，大家都低声地传开了。

那个没有穿衣服的国王……

安徒生写出这篇童话后，不仅老少都喜爱，而且得到剧院的青睐，把它搬上舞台。这出戏演出时，剧院里充满了笑声，全哥本哈根的人都认识了这个愚蠢而且光着身子的国王。《国王的新衣》也成了家喻户晓的故事了。

此时，安徒生除了继续写作童话之外，他还从自己的生活经历中，提炼出材料写了一部小说，那就是自传体小说《孤独的流浪者》(又名《只不过是一个提琴手》)，于是，在童话与长篇小说这两条路上，安徒生乐在其中，笔耕不辍。

《夜莺》

就在安徒生的童话大受欢迎、文名远播的时候，他认识了一个在精神上对他产生深远影响的人——珍妮·林德。珍妮·林德是瑞典籍的歌唱家，当时刚刚出道，而安徒生已是闻名遐迩的大作家。珍妮·林德读过安徒生的作品，安徒生是她喜爱的作家之一，她对他早已仰慕不已。而安徒生听了她宛如夜莺般婉转的歌声之后，想起自己小时候站在后院唱歌，幻想着仙女带他飞到神秘而美丽的中国的情景，如今珍妮·林德甜美悦耳的歌声，使他魂牵梦萦，使他惊为百年来稀有的世纪之音，使他灵感澎湃，写下了《夜莺》这个作品：

在皇宫的花园里，有一只歌声婉转悦耳的夜莺，每一位听过它歌声的人都对它难以忘怀，但是皇帝却还没有听过，于是他派人费了九牛二虎之力，好不容易找来了夜莺，为他献唱。听完之后，皇帝太喜欢它了，就把它留在宫中。但是夜莺不愿被困在皇宫里，更不愿与机器的人工鸟儿对唱。它飞出皇宫，触怒了皇宫上下官员，怂恿皇帝从此把它放逐，不准它接近皇宫。可是后来皇帝听厌了千篇一律的人造鸟儿的歌声，非常想念夜莺悦耳的声音。一直到皇帝病危，夜莺才偷偷飞回皇宫，为皇帝唱歌，将皇帝从死神的手中唤回来，并且使皇帝看清了在他周围搬弄是非的小人。夜莺高贵的心，使它不只为皇帝歌唱，也为大众而唱。

《丑小鸭》

哥本哈根的冬天漫长而寒冷，喜欢旅行的安徒生，一到了冬天，就耐不住刺骨的北风，期望着春日的来临。这一年的春末，他又到了他所喜爱的田庄，那 17 世纪的建筑，正面对着一湖碧绿湖水，湖上有悠游的白鹅，岸边是含苞待放的花儿，看着这优美的景致，安徒生想起了他的过去。

辛苦了多年，他有许多感触。童年困苦，青春期在拉丁文学校受排斥和压抑，到如今成为已出版了诗集、童话与小说的名作者，安徒生心有所感，写下了《丑小鸭》的故事：

鸭妈妈正孵着蛋，等待鸭宝宝破壳而出。终于，其他的鸭宝宝都孵出来了，只有一个蛋始终没有孵出小鸭。

有一只鸭子说："说不定是火鸡蛋哦！把它丢掉好了。"

鸭妈妈舍不得，还是照样耐心孵着蛋。过了几天，这个蛋终于孵出了一只鸭子，只是这只鸭子长得又小又丑，跟其他的小鸭子一点都不像。

"多难看的小鸭子啊！"不管是其他的鸭子、火鸡，还是喂鸭的女仆都这么觉得。

那些鸭哥哥、鸭姐姐都有着黄茸茸的羽毛，长得很好看，他们看着这只灰扑扑的小鸭，丑死了！大家也都取笑着它，叫它丑小鸭，而且不断地欺负它。

鸭妈妈心里也想着："怎么这么丑，要是没把它孵出

来就好了。”

丑小鸭受不了大家的欺负，终于逃跑了。它跑到一片沼泽，把那里当作休息的地方，挨过了几天。之后，有两只从远方飞来的大雁，看丑小鸭丑得挺可爱的，便告诉它说：“你要不要和我们一起走呢？去当只候鸟，总比你窝在这里好。”丑小鸭高兴极了，正想回答时，忽然——

“砰！砰砰！”枪声响起，大雁被打死了。

丑小鸭吓死了，赶快藏到芦苇中，把头缩到翅膀里。猎人们收起了枪，放出了猎狗，那些大狗四处寻找大雁的踪迹。有只猎狗跑到了丑小鸭的身边，可把丑小鸭给吓得半死，大狗闻了闻它，大概是嫌弃它丑吧，碰也没碰它就离开了。

这时候，突然刮起了暴风雨。

丑小鸭拼命跑着，好不容易经过了一个农家的门口，它想也不想就钻进去了。屋子里有一只公猫和一只母鸡，丑小鸭不敢作声，悄悄地蹲在角落里打瞌睡。

第二天农家的女主人看到丑小鸭，高兴地大叫：“啊！捡到了一只鸭子，说不定会生蛋！”就收留了丑小鸭。可是过了三个礼拜，丑小鸭一个蛋也没生。

女主人很失望，公猫也瞪大着眼睛质问它：“你会生蛋吗？”

“不会。”

“那你没有表达意见的资格，以后没事闪远一点！”公猫恶狠狠地说。

丑小鸭好伤心：“我真想念那碧绿凉快的池塘，多么想在水中自由自在地游来游去。”

一天，它走到池塘边，只见一只洁白的天鹅，正在那里游泳。

“这是多么神气又好看的鸟啊！”

天鹅轻拍着翅膀，优雅地扭动着身子。

丑小鸭真想接近它，心想：“像我这么难看的小鸭子，说不定会被它啄死，不过，即使被啄死也没什么关系。”

“扑通”一声，丑小鸭跳入池塘。那只天鹅马上张开翅膀游了过来。

“请你啄死我吧！”丑小鸭低头游到天鹅面前说。

可是当它看到水面的倒影，却惊讶得无法相信，因为它已不再是那只难看的小鸭子了，而是全身长着漂亮羽毛的天鹅！

小朋友叫着跑来，一面把面包丢到水里，一面叫着："新来的天鹅，你过来啊！你好可爱哪！"

变成天鹅的丑小鸭，自言自语着："当我还是一只丑小鸭的时候，怎么会想到有今天的幸福呢？"

故事中的丑小鸭受尽委屈，经过寒冬的煎熬，终于等到春天的来临。丑小鸭看到了美丽的天鹅，怯懦得不敢接近，却发现自己竟然已经变成天鹅了。

这不正是安徒生自己的写照吗？那故事中是否也蕴含着他对自己身世的感怀呢？

安徒生把这篇《丑小鸭》献给柯林，在扉页上写着："献给我的恩人，我的父亲——柯林先生。我的著作，是属于我的，也是属于我父亲的，我心中充满了感激之情——请父亲接受。"

柯林读后，感动落泪。

写完这个故事后，安徒生常常沉入往日的回忆中，所有从奶奶或爸爸那儿听来的故事，时时在他的心中浮现，不愁没有写作的题材。他把听来的故事，用他的想象，加上文学的描绘，一篇篇作品就不断地产生了。

《卖火柴的小女孩》

在写作的全盛时期，他想起当年妈妈对他说："你的命实在太好了，我们都把你宠坏了。我在你这个年纪的时候，每天都要出去乞讨，有时候讨不到钱，不敢回家，只好躲在桥下哭泣。"

妈妈的脸时时浮现在安徒生的眼前，她困苦的一生，让安徒生写下了一篇感人的童话——《卖火柴的小女孩》。

一个冬天的黄昏，那正是除夕夜呢！路上行人匆匆，家家户户都忙着准备过年。没有人注意到有一个小女孩，身上只披着围巾，脚上原本穿着的一双破拖鞋却不见了。她手里拿着一包包火柴兜售，可是谁也没理她……

天黑了，气温越来越低，小女孩又冷又饿，可是火柴没有卖掉，她不敢回家。看着家家户户生起的火炉，灯光下，端上桌子的烤鹅、火腿，小女孩不断地吞着口水……

刺骨的寒风，呼呼地吹着。

“要买火柴吗？卖火柴啊！”小女孩冒着雪，沿街叫卖着。

她的一双小手快要冻僵了，她找到一个可以避风的墙角坐下来，把脚缩起来。“如果擦一根火柴就可以暖暖手了。”她抽出一根火柴在墙上擦了一下，啊，它变成了一朵美丽的火焰！

“哧——哧——哧——”小女孩不断地擦着火柴取暖。

一根，两根，三根……

映着火光，照着雪片。

五根，六根，七根……

火光把四周都照亮了，她看到了家家户户餐桌上的烤鹅……

火光使小女孩的手得到了温暖……

雪越下越大，小女孩越来越冷，最爱她的奶奶，早已去世很久的奶奶，突然在火光中出现了。

“啊，奶奶！”小女孩叫着，“请把我带走吧！”

“我可怜的孙女儿啊！来，快来吧！让我抱着你，紧紧地抱着你……”

火光变成了一道美丽的彩虹。老奶奶抱起小女孩，两人快乐地越飞越高，越飞越高，飞到没有寒冷也没有饥饿的地方……

雪，还是不停地下着。

雪花纷纷地从天上洒下来，一层层的雪花，淹没了大地，淹没了那小小的蜷曲的身体。

第二天在街角上，有一个被雪埋在下面的小女孩，她缩成一团，早已冻僵冰冷。

有个围观的人，看着女孩周围那些烧光的火柴头，说道：“真可怜！她只是想让自己暖和一下。”可是，谁都不知道她曾经是多么快乐地与奶奶拥抱在一起，向新年的幸福飞去。

正如安徒生说过的话：“人生就是有许多苦难，我一直经历着穷苦的折磨，但我决心不被打倒。”这故事仿佛也说出了他心中的信念，再悲惨的命运，都有光明的结局。

除了这篇《卖火柴的小女孩》之外，安徒生也以母亲为人辛苦洗衣裳为故事原型，写了一篇《她是一个废物》。

安徒生用讽刺的笔法，写一个洗衣妇在冬天冰冷的水中站了一天，不断替人洗衣服，以维持生活。但市长却非常轻视她，说她是“一个无用的人”！穷人无依无靠，无钱无势的生活，安徒生深有感受，才能写得如此深刻感人。

安徒生的童话创作越来越受人欢迎，因为他常用贫苦老百姓的角度去看世界，受到大众的喜欢，例如可怜的《卖火柴的小女孩》，十分赚人热泪。他又写了《母亲的故事》，就是以他母亲那样贫苦的妇女为故事的主人公。故事中，那位冒着大风雪在黑夜里到处寻找孩子的母亲，为了问路，不惜把一双眼睛交给了湖泊；用自己的胸脯温暖了快要冻死的荆棘，使荆棘长出绿芽；为了进入有魔法的死神花园，拿一头黑发向看门的老太太换一头苍老的白发……安徒生写这篇童话时，想起自己的母亲，因此非常投入。

安徒生小时候没有交上同龄的玩伴，倒是成年后，因为写童话，与小朋友结下了不解之缘。也许是因为小时候长得古怪，总受到同伴嘲弄，没有人欣赏他富于想象而有趣的一面，他养成了不爱与人交往的孤僻个性。长大后他稍胖了些，鼻子显得不那么大了，脸也变得慈祥，嘴角总是时时挂着笑容，说话又幽默有趣，衣着也不再奇怪邋遢。最重要的是他很喜欢孩子，永远保持着一颗童心，孩子们越来越喜欢他，特别爱听他讲故事，他自己从说故事中得到很多乐趣，于是一篇篇精彩的故事就产生了。

安徒生后来以《故事集》为书名，因为他不想用“童话”二字局限了读者，他的作品是给大人和小孩看的。①安徒生一直非常在意他的读者，他希望男女老少都爱读他的书，也希望自己的作品不只是儿童阅读的童话故事。

① 在丹麦，“故事”可以指充满想象的童话，也可以指普通的故事。

7. 寻找温暖的家——四海为家处处家

安徒生从十四岁离开故乡独自奋斗，到如今名满天下，心中一直想找个家安定下来，享受家庭温暖。但是喜欢旅行的他，却像候鸟一样，居无定所，不是住旅馆就是住朋友家，他曾在写给朋友的信中说道：“像你那样有自己的房子，是多么幸福啊！我却像候鸟一样，总是在别人的屋子找栖息之处。”言语中充满了渴望有一个家的心愿。

安徒生向往的是一个温暖的“家”，从他的三次恋爱中可以看出他渴望家庭温暖的心情。然而三次恋爱都没有成功，在心灰意冷之后，他不再对成家抱任何希望。但是在他的文名远播之后，处处受到文友招待，他真的像候鸟一样飞来飞去，以天地为家，住进了每位喜爱他作品的人的心中。

初恋的情人

1830年，二十五岁的安徒生，除了欧登塞和哥本哈根之外，没有去过别的地方。他觉得旅行也可增长见识，对写作更是大有帮助，因此计划出门旅行。在当年旅游不普遍，交通也不方便的情况下，他决定先到丹麦境内的岛屿去看看。没想到，这让他尝到了初恋的滋味。

安徒生在旅行中，受到很多人欢迎，他低沉的情绪高昂许多，于是他决定延长旅行计划，并拜访大学同学。同学的妹妹莉葆，非常喜爱安徒生的作品，对安徒生更是仰慕已久，使正当年少的安徒生受到鼓舞。他从小没有朋友，除了在拉丁文学校时认识的伍尔芙的女儿外，很少能有机会与互相投合的异性单独相处。莉葆的美丽和温柔，使一直渴望被人接受与关怀的安徒生心动不已，对莉葆更有相见恨晚之感，恨不得立即与她组成家庭，享受家庭生活的温暖。

在一时冲动下，安徒生忍不住写了一首情诗给她：

你是我心中的唯一思念，
我内心里从未有过的初恋，
我爱你，
人世间未曾有过的深情，
我爱你，
如今，永恒，深深地……

因为当时莉葆已有婚约，接到情书后，她见到安徒生时有些不好意思，安徒生也很不自在。安徒生不放弃，又写了一封情书给她，希望她能接受他的爱，与他一起共创美满人生。安徒生也写信给莉葆的父母，希望得到她家人的支持和鼓励。

但是，令安徒生失望的是，由于他出身低微，家境富裕的莉葆受到父母的影响和阻挠，在深思之后，还是依婚约嫁给了未婚夫。安徒生备受打击，性格上有些转变，变得玩世不恭，但是，这件事也激发了安徒生更多的创作灵感，使他的文风变得更加机智幽默。

结束了短暂的初恋，安徒生心中却留下了永恒的怀

念。他一生中最念念不忘的，就是这段甜美而深刻的初恋。

再坠情网

失恋后的安徒生，感到非常空虚寂寞。他没有自己的家，柯林的家便成了他精神上的避风港。

失恋后的第二年，安徒生在柯林家看到出落得亭亭玉立的露易丝。以前他一直把她当成小妹妹看待，如今她已长得活泼可爱，而且能与他谈论文学。安徒生的心中又泛起阵阵涟漪，忍不住把刚完成的作品当作求婚信送给露易丝，可是露易丝毕竟年纪还小，这份赤裸裸的坦诚热情，简直把她吓坏了，她不仅不敢再见安徒生，并很快与别人订婚了。

“是我的热情把她吓跑了？”安徒生在日记上曾经这样写着，“我是不是有点自作多情？”他自忖着：“我这一生大概是与婚姻无缘了。”

安徒生尽管分享了柯林家庭的温暖，但他还是一直觉得自己是“外人”！他们显赫的家世、温文儒雅的高贵气质，常常使安徒生感到自卑。他和露易丝的恋情就这样无疾而终……

夜莺之恋歌

二度失恋后的安徒生，在听过珍妮·林德的歌声之后，第三次情不自禁地坠入情网。

1843 年，珍妮·林德来到哥本哈根，经安徒生的推荐，珍妮·林德得以在哥本哈根的剧院演出。当时，安徒生每天都去听珍妮·林德的表演。在安徒生的眼中，珍妮·林德不仅面貌姣美，歌声婉转，她的演出更是自然而生动，使安徒生回味无穷，简直为她疯狂。

他总是对人推荐珍妮·林德的演出，并大力赞美她的歌声婉转甜美："珍妮·林德是百年来稀有的世纪之音，她的表演自然而动人，没有一位画家能画出她多彩多姿的面貌。"

不久之后，珍妮·林德又到丹麦演出，这时珍妮·林德已在柏林掀起一阵热潮，享誉欧洲。安徒生在报上发表评论，赞美珍妮·林德是一位具有才华的出色音乐家。

丹麦的民众都热烈地欢迎珍妮·林德，使她深受感动。安徒生更替她高兴，珍妮·林德的成功，就如安徒生自己的成功一般，此时他的心已深深被她所占据了。安徒生对她表达了爱意，但安徒生已是文坛名家，而珍妮·林德才初绽光芒，她不愿放弃自己的歌唱事业，因此没有接受安徒生的追求。

虽然两人之间的恋情没有结果，但是安徒生对珍妮·林德的情意，在欣赏、仰慕之外，又多了一层敬意。因为在歌唱生涯最成功的时候，珍妮·林德曾要求剧院把票价提高，把多出来的收入捐给丹麦少年救护协会，救济那些被父母虐待或遗弃的孩子。珍妮·林德那圣洁高贵的情操，更使安徒生毕生难忘。

以天地为家

1844年，安徒生到了德国，在柏林本来只计划停留一天，结果因为德国人对安徒生太热情了，大家都想见他，于是安徒生就将计划延长了三星期。安徒生这趟德国之行，非常愉快，他的童话受到广大读者的欢迎，连德国的王公贵族都爱读，还颁给他勋章。这时候，珍妮·林德也在柏林登台演唱，两人又见面了。

在没人邀请的节日里，成了兄妹的两位异乡人，自然更加亲密了。

“哥哥，我们一起过新年吧！”珍妮·林德说。

于是以兄妹相称的两人，在柏林共度了一个愉快的新年，也更增进了彼此之间的感情。

在人生的旅程上，安徒生没有妻子儿女，终身独居。但是因为有了珍妮·林德，他不再寂寞，享受了友情与手足之情的温暖。安徒生还有那么多文友真诚的友情，也弥补了他没有家的遗憾。

安徒生本来就对旅行有着极大的兴趣，文学写作更是他一生一世都不会放弃的挚爱。没有了爱情，他就全心专注于旅行与文学写作。文学上的朋友、同好，随着他文名的扩散而增加，他真的是四海为家了。

住进喜欢他作品的人心中

安徒生的童话越来越受欢迎，也因此结交了很多年纪小的朋友。他每到朋友家，都会被小孩子围绕着，要求他讲故事给他们听。他当然非常乐意！他总是边讲故事，边把故事中的人物和情节用剪刀剪成，送给小朋友作纪念。

安徒生在剪纸和讲故事方面的本事，使他和小孩子结下了不解之缘，他成了孩子们的好朋友，甚至是孩子们最崇拜的人。有一次，朋友家的孩子知道他没有家，难过得哭了，还把自己最宝贝的小玩具送给安徒生。安徒生一直珍惜着和孩子们的友谊，孩子们送给他的小东西，他也一直带在身边，像在补偿自己不曾有过友伴的童年一样，永远珍藏。

不仅小孩子爱看他的童话，就连大人也爱读。王公伯爵更是喜爱听安徒生说故事，因此，他和广大的读者都成了朋友，和国王、王后以及公主、王子都很友好。虽然安徒生没有自己的家，但是许多人都希望他成为他们的贵宾。

安徒生一生一共写了近两百篇的童话，赢得了“童话之王”的美名。

他在自画像中形容过自己的“丑”样子——眼小、鼻大、瘦高、脚大，一点也不可爱。他从小一心想与别人做朋友，但没人喜欢他，一直到年纪渐渐大了，这只“丑小鸭”的可爱和多才多艺才逐渐被人欣赏，像天鹅一样吸引着人们爱慕的眼光。

他真正以天地为家，住进了每一位喜爱他作品的人心中。

8. 衣锦荣归

上帝赐给我一盏神灯——文学的才华。

现在，没有人不知道安徒生的名字了！

1867年时，丹麦国王给他一个荣誉官职——枢机顾问，故乡欧登塞推荐他为荣誉市民，他真的是心满意足了。那年六十二岁的安徒生，真的想回乡了。当然，最高兴的莫过于故乡的父老乡亲了。

欧登塞的荣誉市民

安徒生自十四岁离开故乡后，多年来都在外地努力奋斗，虽然也曾回乡数次，但自从母亲去世之后，他就很少回到故里。一直到1867年，欧登塞市政委员会派专人给他送来了一份请帖，上面是这样写着：

我们在此荣幸地通知阁下，我们希望阁下接受您出生的城市——欧登塞颁给您的荣誉市民封号。请允许我们邀请阁下于 12 月 6 日，在欧登塞和我们聚会，我们将把荣誉市民的证书，亲手交给阁下。

这个好消息，很快传遍了全市，这不仅是安徒生一生中的大事，也是欧登塞的空前盛事。一个鞋匠和洗衣妇的儿子能得此殊荣，不仅在欧登塞，即使在丹麦，也是空前的。丹麦国王及外国皇家都将颁发勋章给安徒生，在丹麦，还没有一位作家能得到如此的荣耀！市民奔走相告，全市欢腾。大家是多么以他为荣啊！

那天，不仅学校放假，商店更是歇业，好让店员能参加庆典。安徒生知道后，感动极了！

“这么隆重的欢迎，叫我如何消受得了？”他激动的心情，久久无法平息。

回乡之行

12 月 4 日，从哥本哈根出发的火车，载着安徒生回到了故乡欧登塞，车站挤满了欢迎他的人群。安徒生精神抖擞、容光焕发地走下火车，乘着华丽的马车缓缓驰向宾馆。马车所到之处，家家户户门前都挂着国旗和彩饰，民众沿街欢呼着：“我们的民族诗人！”

当安徒生乘坐的马车，进入他童年生长的故里时，夹道欢呼的乡亲高声叫着：“汉斯，汉斯……我们爱你！”

安徒生的泪水模糊了视线，沿途熟悉的景致与房舍，他童年喜欢站在上面唱歌的小山坡，倾诉苦闷愁思的小溪流……一一映入眼帘。他忍不住感恩：“这一切都是上天赐我的！”

他想起在哥本哈根，流落街头，走投无路时，那好心的音乐家收留了他，还免费教他音乐。

最令他感恩的是生命中的贵人、他的第二父亲——柯林，为他申请学校，鼓励他写作，又建议他周游各国，因此结识了世界各地的文豪，连王公贵族都以礼相待……

沿途热情的欢迎声不绝于耳，让安徒生忘记了他困苦的童年，也冲淡了亲人已经不在的孤独、感伤。

马车载着安徒生到了宾馆。宾馆为了欢迎他，装饰得金碧辉煌。专为安徒生准备的两间房间，窗外有松柏挺立，室内则清静安宁，使他在寒冷的 12 月天也有温暖如春的感觉。

第二天一早，装饰美丽的马车载着安徒生前往颁奖典礼会场——市议会大厦。他坐在马车内柔软的座位上，一阵阵欢呼声传入耳际，往外一看，几百名少年儿童在马车两旁，与马车缓缓同行，还挥动着小旗欢呼。处处彩带飘扬，国旗飞扬，啊，这是他一生中最伟大的日子！

他极力压抑激动的心情，这样盛大的场面，他从来不敢梦想。马车前方，就是他爸爸长眠的贫民墓园，再往前行，是他儿时住过的房子，还有他妈妈、奶奶做工的地方。如果他们还在，如果他们能与他分享今日的光荣，该有多么好啊！

马车在议会大厦门口停了下来，广场上站满了人，安徒生步行到议会的前台，向群众挥手致意。他热泪盈眶，接受了市长颁给他的欧登塞市荣誉市民证书。接着，安徒生非常感性地向全体群众道谢：

> 这个城市，我出生的地方，给了我如此崇高的荣誉，使我振奋、感谢，我忍不住想起了阿拉丁神灯的故事。我是一个穷孩子，我在那儿走着，上帝看得起我，赐给我一盏神灯——文学的才华，当它在闪亮时，连外国人也能看到那光芒，当他们说那光亮是从丹麦发射出来时，我的心里充满欢喜。我现在又回到故乡，这里有我的朋友和乡亲……我感到无比的荣耀和激动。

安徒生在故乡停留了五天，每天都有无数的人想见他，有无数的宴席等着他出席。六十多岁的他忍受着牙疼的折磨，打起精神与大家同乐，尤其是一群群孩子们，围着他唱歌跳舞，使他深受感动，忘了病痛，还为孩子们讲了许多故事。

在欧登塞的五天中，安徒生也回到了童年住过的房子，回忆起和父母一起生活的童年往事。他在园子里漫步，想起他用妈妈的围裙搭起的帐篷，用自己剪的小纸人演戏；他在河岸边沉思，想起妈妈为人洗衣服的小溪和那块石头，想起她苦难的一生，心中有如刀割。啊，往事如烟！他想起了四十八年前，那位巫婆对妈妈说过的话：“你的儿子会成为名人，总有一天，全欧登塞的人要以他为荣。”

眼前这一切，是事实，却又好像是梦境一样，他真的感到此生无憾了！

五天后，当安徒生要离开时，车站仍然挤满了欢送的人潮，用一束束鲜花包围着他。当火车缓缓驶出车站时，安徒生将头伸出车窗，向挥手的人群告别：“谢谢，谢谢大家。”

火车开向哥本哈根的途中，他想起了那篇《丑小鸭》。他想到曾经如何被人欺侮和讥笑，还听到现在大家说他是最美丽的天鹅。“当我还是丑小鸭时，可从没想到会有这么幸福的一天。”

安徒生闭上双眼，满足地进入了梦乡。

安徒生虽然得到了无数的勋章和荣誉，读者群遍布世界各地，作品也一本本地再版或译成不同的文字，可是，他还是写作不休。1868 年除了发表童话外，他还写了一本《童话的来源》，使对童话创作有兴趣的人，可以有系统地作理论性的探讨与研究。

丹麦的评论界也开始重视安徒生的童话了，他们不再攻击他，批评家也发表了长文，认为安徒生是儿童文学的经典作家。

安徒生仍然喜爱旅行，居无定所。随着年岁增长，他的身体也逐渐衰弱，他本来就有牙痛的毛病，这几年来，还常常咳嗽。他生病的消息传开后，成千上万的人都挂念着他。

1869 年，安徒生又去法国旅行，一直到次年 3 月才回到丹麦，然后又去了挪威、意大利、瑞典等国，也出版了最后一批童话。

1875 年 4 月 2 日，在安徒生七十岁生日那天，国王派华丽的专车把安徒生接到皇宫，为他祝贺，并再次授予他勋章。安徒生还到皇家剧院欣赏了戏剧演出。生日过后，安徒生的身体没有好转，他的许多旅游及写作计划都不得不停顿下来。他本来一直保持着的写日记的习惯，也因他的身体状况不允许，而在6月间暂停了。到了8月，他发起高烧，4日早上，他在熟睡中去世，享年七十岁。

虽然安徒生离开了人间，但是他的精神并没有消逝。他的著作一直流传，不断有人阅读。一代一代的人，通过童话与他见面。他，永远活在人们的心中！

安徒生小档案

1805 年　出生于丹麦的欧登塞。

1816 年　父亲过世。

1819 年　至哥本哈根，想成为歌剧演员。

1822 年　遇见柯林。

1829 年　出版第一本作品。

1831 年　用自己辛苦存下的钱到德国旅行，这也开启了他对旅行的兴趣。

1833 年　获得一笔资金，至德国、法国、瑞士、意大利旅游。

1835 年　出版第一部小说《即兴诗人》。稍后又出版第一本童话集。

1840 年　游历了意大利、希腊、君士坦丁堡。

1843 年　1 月底，离开哥本哈根到巴黎。

1844 年　再访德国。

1845 年　10 月底，离开哥本哈根前往意大利。

1847 年　从丹麦经荷兰到英国访问，与狄更斯相识。

1867 年　成为欧登塞的荣誉市民。

1869 年　又到法国旅行。

1875 年　8 月 4 日，去世。